Szkoła - skola	2
Podróż - ceļojums	5
Transport - transports	8
Miasto - pilsēta	10
Krajobraz - ainava	14
Restauracja - restorāns	17
Supermarket - lielveikals	20
Napoje - dzērieni	22
Jedzenie - ēdiens	23
Gospodarstwo chłopskie - zemnieku saimniecība	27
Dom - māja	31
Pokój dzienny - viesistaba	33
Kuchnia - virtuve	35
Łazienka - vannas istaba	38
Pokój dziecięcy - bērnu istaba	42
Ubiór - apģērbs	44
Biuro - birojs	49
Gospodarka - ekonomika	51
Zawody - profesijas	53
Narzędzia - instrumenti	56
Instrumenty muzyczne - mūzikas instrumenti	57
Zoo - zooloģiskais dārzs	59
Sport - sports	62
Działania - darbības	63
Rodzina - ģimene	67
Ciało - ķermenis	68
Szpital - slimnīca	72
Nagły przypadek - ārkārtas gadījums	76
Ziemia - zeme	77
Zegar - pulkstenis	79
Tydzień - nedēļa	80
Rok - gads	81
Kształty - formas	83
Kolory - krāsas	84
Przeciwieństwa - pretstati	85
Liczby - skaitļi	88
Języki - Valodas	90
kto / co / jak - kas / ko / kā	91
gdzie - kur	92

Impressum
Verlag: BABADADA GmbH, Nedderfeld 112 , 22529 Hamburg
Geschäftsführer / Verlagsleitung: Harald Hof
Druck: Books on Demand GmbH, In de Tarpen 42, 22848 Norderstedt

Imprint
Publisher: BABADADA GmbH, Nedderfeld 112 , 22529 Hamburg, Germany
Managing Director / Publishing direction: Harald Hof
Print: Books on Demand GmbH, In de Tarpen 42, 22848 Norderstedt, Germany

Szkoła
skola

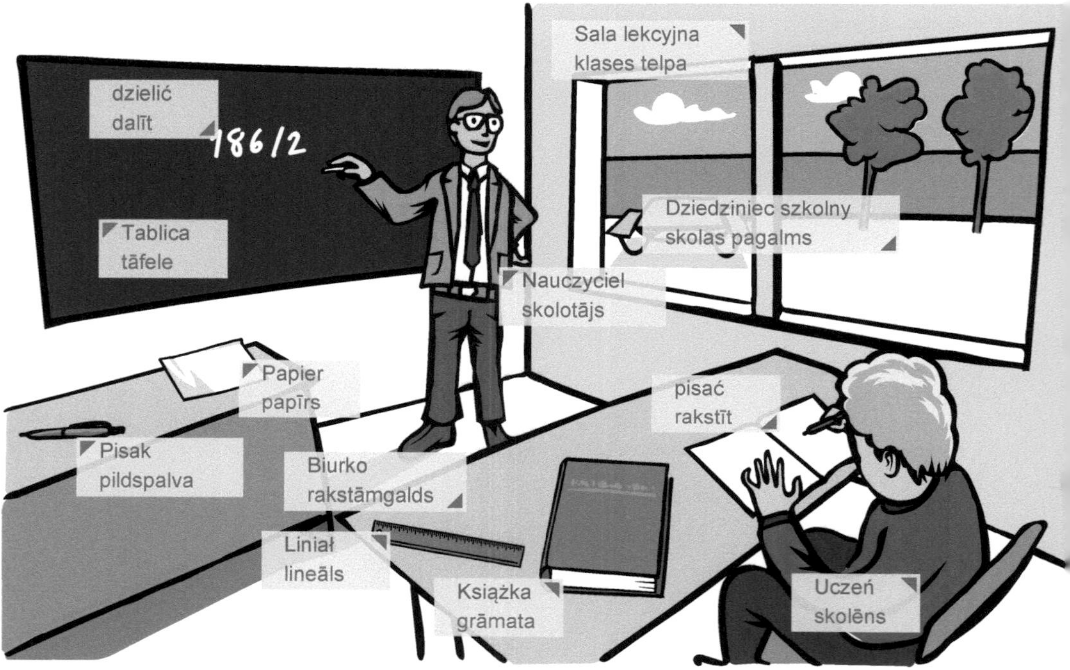
Sala lekcyjna
klases telpa
dzielić
dalīt
186/2
Tablica
tāfele
Dziedziniec szkolny
skolas pagalms
Nauczyciel
skolotājs
Papier
papīrs
pisać
rakstīt
Pisak
pildspalva
Biurko
rakstāmgalds
Liniał
lineāls
Książka
grāmata
Uczeń
skolēns

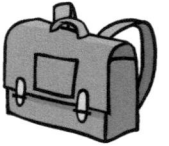

Plecak szkolny

skolas soma

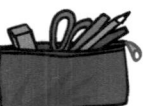

Piórnik

penālis

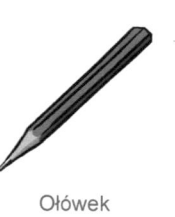

Ołówek

zīmulis

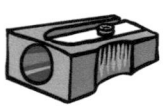

Temperówka

zīmuļu asināmais

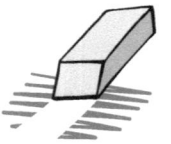

Gumka do mazania

dzēšgumija

Blok rysunkowy

zīmēšanas bloks

Rysunek

zīmējums

Pędzel

ota

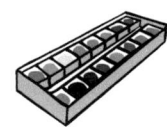

Pudełko z akwarelami

krāsas

Nożyce

šķēres

Klej

līme

Książka do ćwiczenia

darba burtnīca

Zadanie domowe

mājas darbs

Liczba

skaitlis

dodawać

saskaitīt

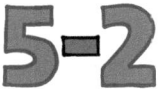

odejmować

atņemt

mnożyć

reizināt

liczyć

rēķināt

Litera

burts

Alfabet

alfabēts

Słowo

vārds

Tekst

teksts

czytać

lasīt

Kreda

krīts

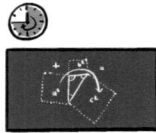

Godzina

mācību stunda

Dziennik lekcyjny

žurnāls

Egzamin

eksāmens

Świadectwo

liecība

Mundurek szkolny

skolas forma

Wykształcenie

izglītība

Leksykon

enciklopēdija

Uniwersytet

universitāte

Mikroskop

mikroskops

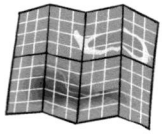

Mapa

karte

Kosz na odpadki

papīrgrozs

Podróż
ceļojums

Hotel
viesnīca
Grand
Schronisko
hostelis
ROOMS
Kantor wymiany walut
valūtas maiņas punkts
CHANGE
Walizka
čemodāns
Auto
automašīna

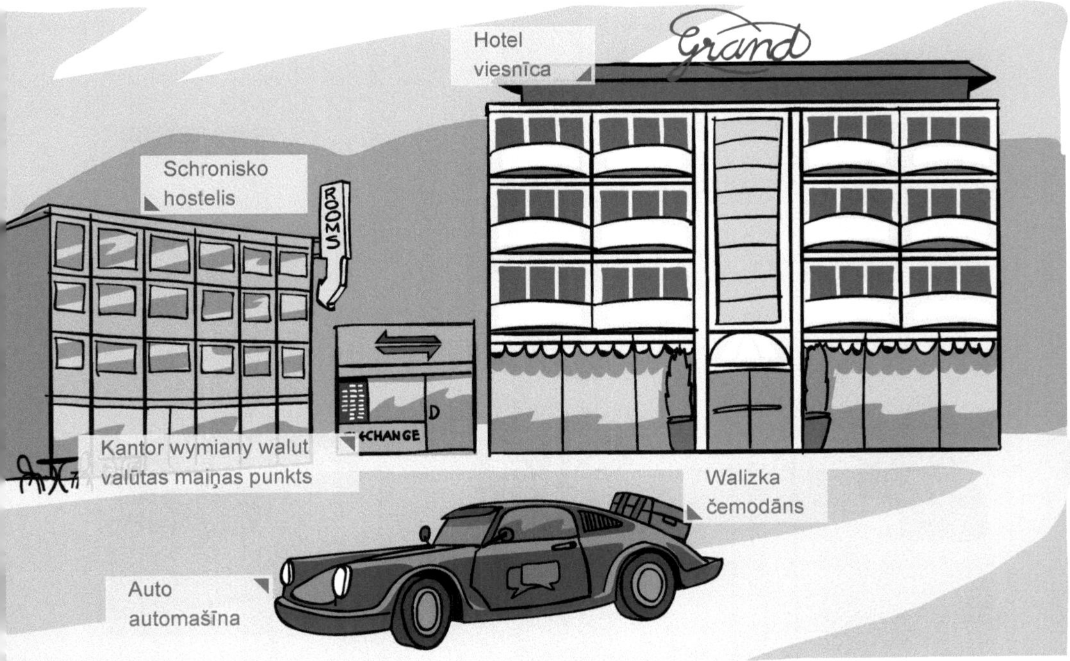

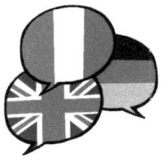

Język

Valoda

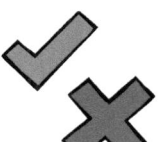

tak / nie

jā / nē

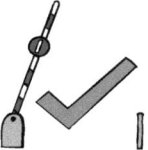

OK

Okay

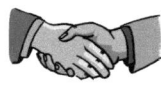

Halo

Sveiki!

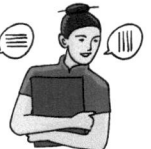

Tłumacz

tulks

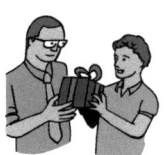

Dziękuję

paldies

Ile kosztuje ...?

Cik maksā...?

Nie rozumiem

Es nesaprotu

Problem

problēma

Dobry wieczór!

Labvakar!

Dzień dobry!

Labrīt!

Dobranoc!

Ar labu nakti!

Do widzenia

Uz redzēšanos

Kierunek

virziens

Bagaż

bagāža

Torba

soma

Plecak

mugursoma

Gość

viesis

Pokój

istaba

Śpiwór

guļammaiss

Namiot

telts

Informacja turystyczna

tūrisma informācija

Plaża

pludmale

Karta kredytowa

kredītkarte

Śniadanie

brokastis

Obiad

pusdienas

Kolacja

vakariņas

Bilet

biļete

Winda

lifts

Znaczek na list

pastmarka

Granica

robeža

Cło

muita

Ambasada

vēstniecība

Wiza

vīza

Paszport

pase

Transport
transports

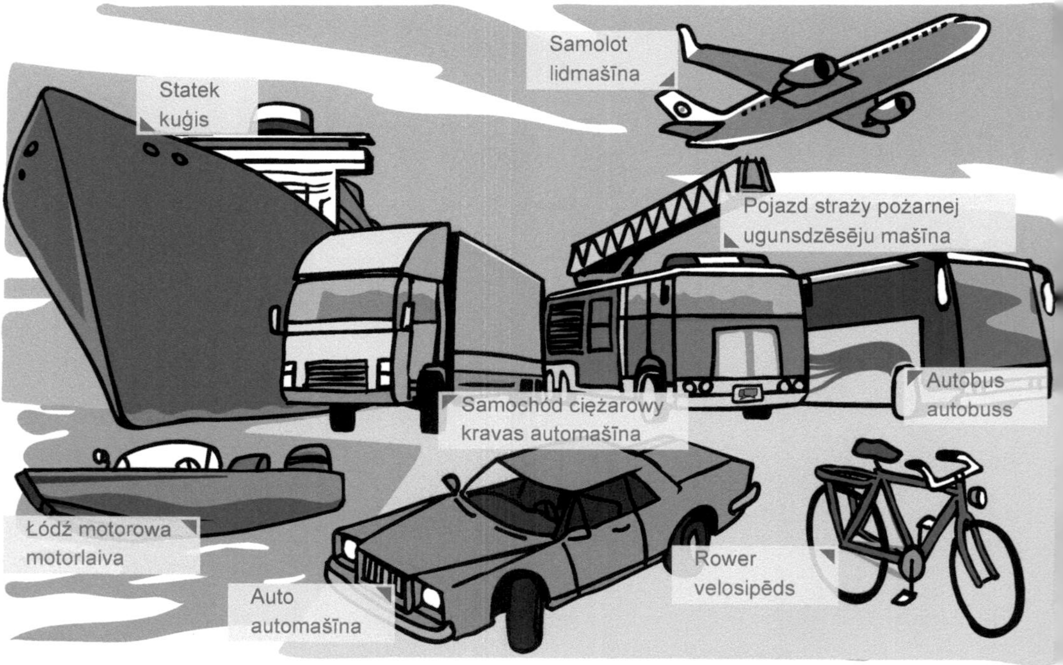
Samolot
lidmašīna
Statek
kuģis
Pojazd straży pożarnej
ugunsdzēsēju mašīna
Autobus
autobuss
Samochód ciężarowy
kravas automašīna
Łódź motorowa
motorlaiva
Rower
velosipēds
Auto
automašīna

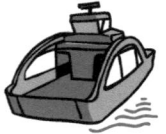

Prom

prāmis

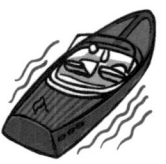

Łódź

laiva

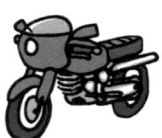

Motocykl

motocikls

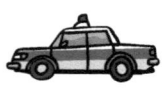

Radiowóz policyjny

policijas automašīna

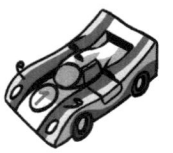

Samochód wyścigowy

sacīkšu automobilis

Samochód wypożyczony

nomas auto

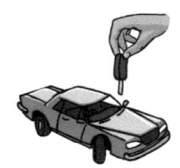

Wspólne przejazdy
samochodem
auto koplietošana

Samochód pomocy
drogowej
evakuators

Śmieciarka

atkritumu mašīna

Silnik

dzinējs

Benzyna

benzīns

Stacja benzynowa

degvielas uzpildes stacija

Znak drogowy

ceļa zīme

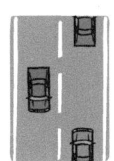

Ruch

satiksme

Korek

sastrēgums

Parking

stāvvieta

Dworzec

dzelzceļa stacija

Szyny

sliedes

Pociąg

vilciens

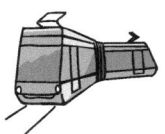

Tramwaj

tramvajs

Wagon

vagons

Helikopter

helikopters

Lotnisko

lidosta

Wieża

tornis

Pasażer

pasažieris

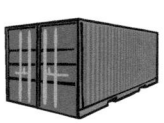

Kontener

konteiners

Karton

kaste

Taczka

ratiņi

Kosz

grozs

startować / lądować

pacelties / nosēsties

Miasto

pilsēta

Wieś

ciems

Centrum miasta

pilsētas centrs

Dom

māja

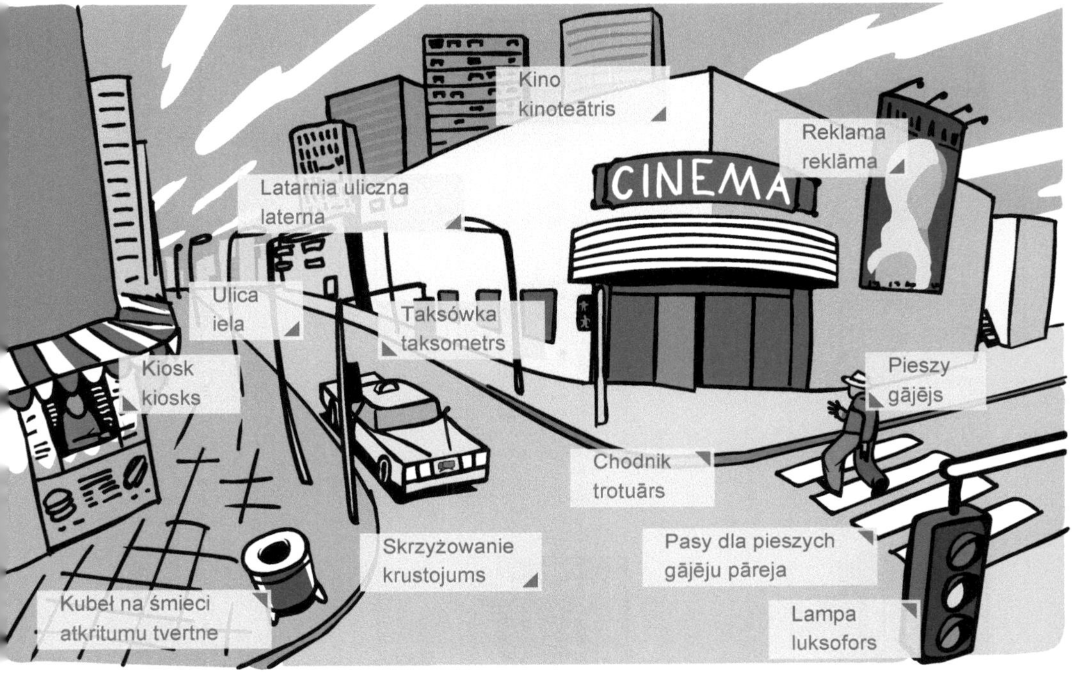

Kino
kinoteātris

Reklama
reklāma

Latarnia uliczna
laterna

CINEMA

Ulica
iela

Taksówka
taksometrs

Pieszy
gājējs

Kiosk
kiosks

Chodnik
trotuārs

Skrzyżowanie
krustojums

Pasy dla pieszych
gājēju pāreja

Kubeł na śmieci
atkritumu tvertne

Lampa
luksofors

Chata
....
būda

Mieszkanie
....
dzīvoklis

Dworzec
....
dzelzceļa stacija

Ratusz
....
rātsnams

Muzeum
....
muzejs

Szkoła
....
skola

Uniwersytet

universitāte

Bank

banka

Szpital

slimnīca

Hotel

viesnīca

Apteka

aptieka

Biuro

birojs

Księgarnia

grāmatnīca

Sklep

veikals

Kwiaciarnia

ziedu veikals

Supermarket

lielveikals

Rynek

tirgus

Dom towarowy

tirdzniecības centrs

Sklep z rybami

zivju tirgotājs

Centrum handlowe

tirdzniecības centrs

Port

osta

Park

parks

Ławka

sols

Most

tilts

Schody

kāpnes

Metro

metro

Tunel

tunelis

Przystanek autobusowy

autobusa pieturvieta

Bar

bārs

Restauracja

restorāns

Skrzynka na listy

pastkastīte

Tabliczka z nazwą ulicy

ielas nosaukuma plāksne

Parkometr

stāvlaika skaitītājs

Zoo

zooloģiskais dārzs

Łaźnia

peldbaseins

Meczet

mošeja

Gospodarstwo chłopskie

zemnieku saimniecība

Zanieczyszczenie
środowiska
vides piesārņojums

Cmentarz

kapsēta

Kościół

baznīca

Plac zabaw

spēļu laukums

Świątynia

templis

Krajobraz
ainava

Liść
lapa

Drogowskaz
ceļrādis

Droga
ceļš

Łąka
pļava

Kamień
akmens

Wędrowiec
ceļotājs

Drzewo
koks

Rzeka
upe

Trawa
zāle

Kwiat
puķe

Dolina

ieleja

Góra

kalns

Jezioro

ezers

Las

mežs

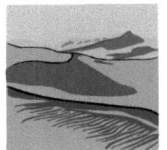

Pustynia

tuksnesis

Wulkan

vulkāns

Zamek

pils

Tęcza

varavīksne

Grzyb

sēne

Palma

palma

Komar

moskīts

Mucha

muša

Mrówka

skudra

Pszczoła

bite

Pająk

zirneklis

Chrząszcz

vabole

Żaba

varde

Wiewiórka

vāvere

Jeż

ezis

Zając

zaķis

Sowa

pūce

Ptak

putns

Łabędź

gulbis

Dzik

meža cūka

Jeleń

briedis

Łoś

alnis

Tama

aizsprosts

Wiatrak

vēja ģenerators

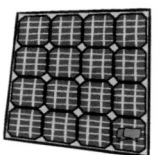

Moduł solarny

saules baterija

Klimat

klimats

Restauracja
restorāns

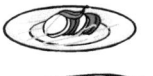

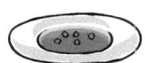

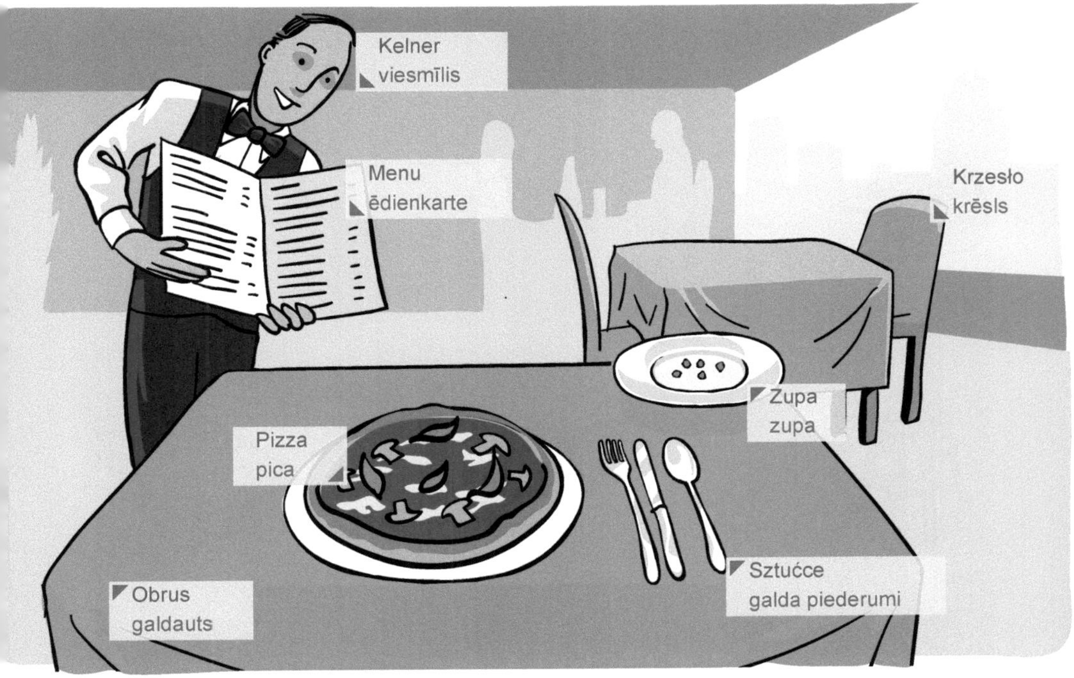
Kelner
viesmīlis
Menu
ēdienkarte
Krzesło
krēsls
Zupa
zupa
Pizza
pica
Sztućce
galda piederumi
Obrus
galdauts

Przystawka
uzkoda

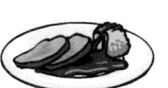

Danie główne
pamatēdiens

Deser
deserts

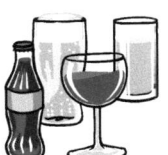

Napoje
dzērieni

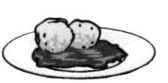

Jedzenie
ēdiens

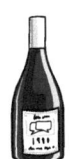

Butelka
pudele

Fastfood

ātrās uzkodas

Streetfood

ielu uzkodas

Dzbanek na herbatę

tējkanna

Cukierniczka

cukurtrauks

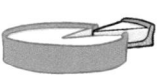

Porcja

porcija

Zaparzarka do espresso

espresso kafijas automāts

Krzesło dla dziecka

bāra krēsls

Rachunek

rēķins

Taca

paplāte

Noż

nazis

Widelec

dakša

Łyżka

karote

Łyżeczka

tējkarote

Serwetka

salvete

Szklanka

glāze

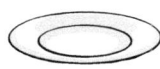

Talerz

šķīvis

Talerz do zupy

zupas šķīvis

Podstawek pod filiżankę

apakštase

Sos

mērce

Solniczka

sāls trauciņš

Młynek do pieprzu

piparu dzirnaviņas

Ocet

etiķis

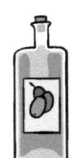

Olej

eļļa

Przyprawy

garšvielas

Keczup

kečups

Musztarda

sinepes

Majonez

majonēze

Supermarket
lielveikals

Oferta
piedāvājums
FOR
Klient
klients
Produkty mleczne
piena produkti
Owoce
augļi
Wózek sklepowy
iepirkumu ratiņi

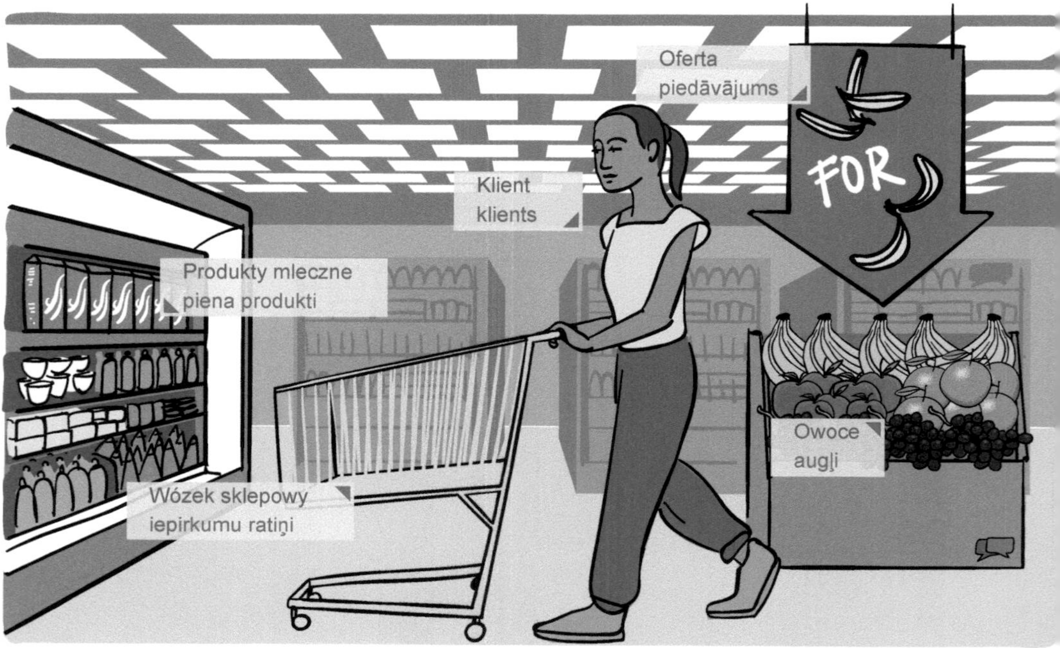

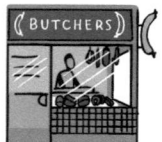

BUTCHERS

Rzeźnia

kautuve

BAKERY

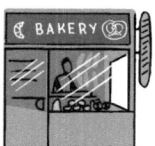

Piekarnia

maizes veikals

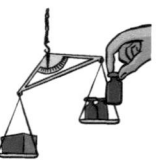

ważyć

svērt

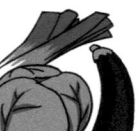

Warzywa

dārzeņi

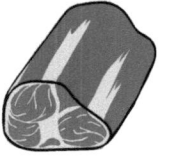

Mięso

gaļa

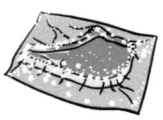

Mrożonki

saldēti produkti

Wędliny

aukstās gaļas uzkodas

Konserwy

konservi

Proszek m do prania

pulveris

Słodycze

saldumi

Artykuły użytku domowego

mājsaimniecības preces

Środek czyszczący

tīrīšanas līdzeklis

Sprzedawczyni

pārdevēja

Kasa

kase

Kasjer

kasieris

Lista zakupów

iepirkumu saraksts

Godziny otwarcia

darba laiks

Portfel

maks

Karta kredytowa

kredītkarte

Torba

soma

Torebka plastikowa

maisiņš

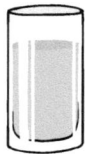

Woda

ūdens

Sok

sula

Mleko

piens

Cola

kola

Wino

vīns

Piwo

alus

Alkohol

alkohols

Kakao

kakao

Herbata

tēja

Kawa

kafija

Espresso

espresso

Cappuccino

kapučīno

Banan

banāns

Jabłko

ābols

Pomarańcza

apelsīns

Arbuz

melone

Cytryna

citrons

Marchew

burkāns

Czosnek

ķiploks

Bambus

bambuss

Cebula

sīpols

Grzyb

sēne

Orzechy

rieksti

Makaron

makaroni

Spaghetti

spageti

Ryż

rīsi

Sałatka

salāti

Frytki

frī kartupeļi

Ziemniaki pieczone

cepti kartupeļi

Pizza

pica

Hamburger

hamburgers

Kanapka

sviestmaize

Sznycel

šnicele

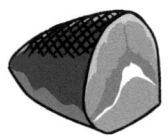

Szynka

šķiņķis

Salami

salami

Kiełbasa

desa

Kura

vista

Pieczeń

cepetis

Ryba

zivs

Płatki owsiane

auzu pārslas

Musli

muslis

Płatki kukurydziane

brokastu pārslas

Mąka

milti

Croissant

radziņš

Bułka

brokastu maizītes

Chleb

maize

Toast

tostermaize

Ciastka

cepumi

Masło

sviests

Twarożek

biezpiens

Ciasto

kūka

Jajko

ola

Jajko sadzone

cepta ola

Ser

siers

Lody

saldējums

Cukier

cukurs

Miód

medus

Marmolada

marmelāde

Krem nugatowy

riekstu krēms

Curry

karijs

Gospodarstwo chłopskie
zemnieku saimniecība

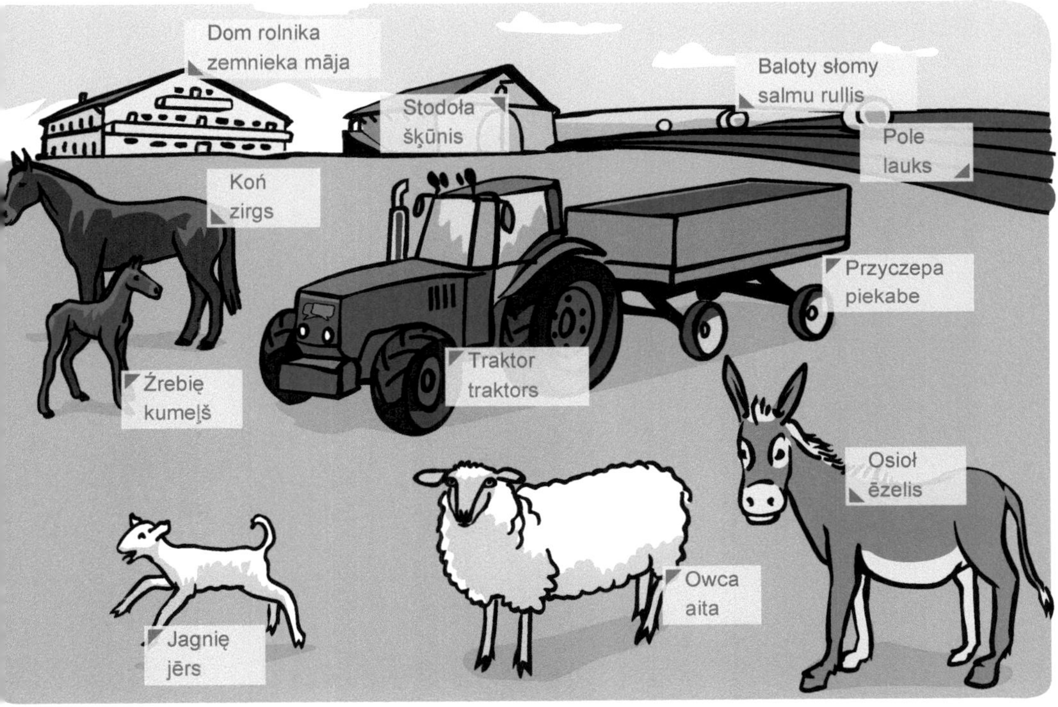
Dom rolnika
zemnieka māja
Stodoła
šķūnis
Baloty słomy
salmu rullis
Pole
lauks
Koń
zirgs
Przyczepa
piekabe
Traktor
traktors
Źrebię
kumeļš
Osioł
ēzelis
Owca
aita
Jagnię
jērs

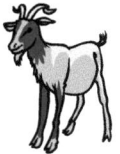

Koza

kaza

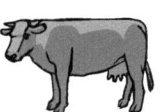

Krowa

govs

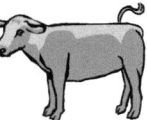

Cielę

teļš

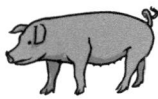

Świnia

cūka

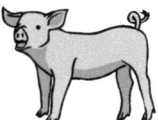

Prosię

sivēns

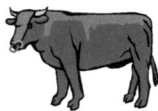

Byk

bullis

Gęś

zoss

Kaczka

pīle

Kurczątko

cālis

Kura

vista

Kogut

gailis

Szczur

žurka

Kot

kaķis

Mysz

pele

Osioł

vērsis

Pies

suns

Buda dla psa

suņa būda

Wąż ogrodowy

dārza šļūtene

Konewka

lejkanna

Kosa

izkapts

Pług

arkls

Sierp

sirpis

Graca

kaplis

Widły

mēslu dakša

Siekiera

cirvis

Taczka

ķerra

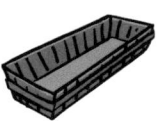

Koryto

sile

Kanka na mleko

piena kanna

Worek

maiss

Płot

žogs

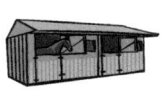

Stajnia

kūts

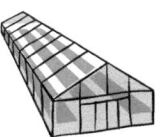

Szklarnia

siltumnīca

Ziemia

augsne

Nasiona

sēklas

Nawóz

mēslojums

Kombajn zbożowy

kombains

zbierać

novākt ražu

Żniwa

raža

Podchrzyn

jamss

Pszenica

kvieši

Soja

soja

Ziemniak

kartupelis

Kukurydza

kukurūza

Rzepak

rapsis

Drzewo owocowe

augļu koks

Maniok

manioka

Zboże

labība

Komin
skurstenis

Dach
jumts

Rynna deszczowa
lietus noteka

Okno
logs

Garaż
garāža

Dzwonek
durvju zvans

Drzwi
durvis

Wiaderko na śmieci
atkritumu spainis

Skrzynka na listy
pastkastīte

Ogród
dārzs

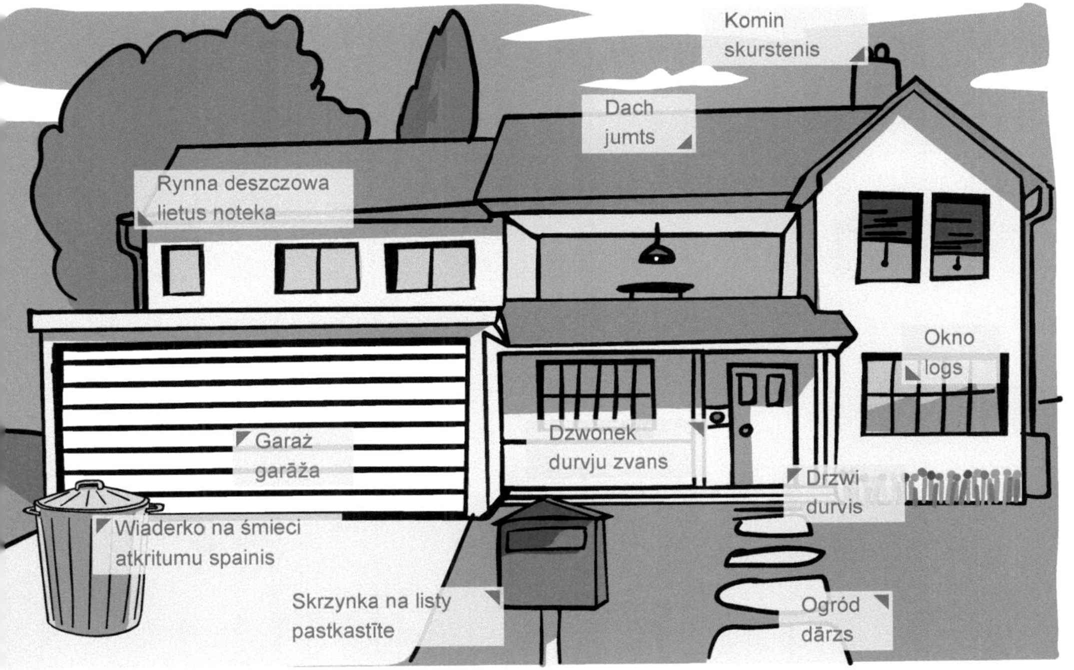

Pokój dzienny

viesistaba

Łazienka

vannas istaba

Kuchnia

virtuve

Sypialnia

guļamistaba

Pokój dziecięcy

bērnu istaba

Jadalnia

ēdamistaba

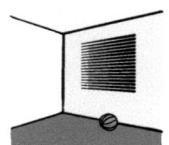

Ziemia

grīda

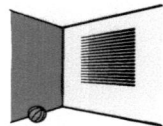

Ściana

siena

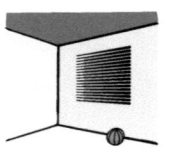

Koc

griesti

Piwnica

pagrabs

Sauna

sauna

Balkon

balkons

Taras

terase

Basen

baseins

Kosiarka do trawy

zāles pļāvējs

Poszwa

gultas veļa

Kołdra

sega

Łóżko

gulta

Miotła

slota

Wiadro

spainis

Włącznik

slēdzis

Pokój dzienny
viesistaba

Tapeta
tapetes
Obraz
attēls
Lampa
lampa
Regał
plaukts
Szafa
skapis
Telewizor
televizors
Komin
kamīns
Kwiat
puķe
Poduszka
spilvens
Kanapa
dīvāns
Wazon
vāze
Pilot
tālvadības pults

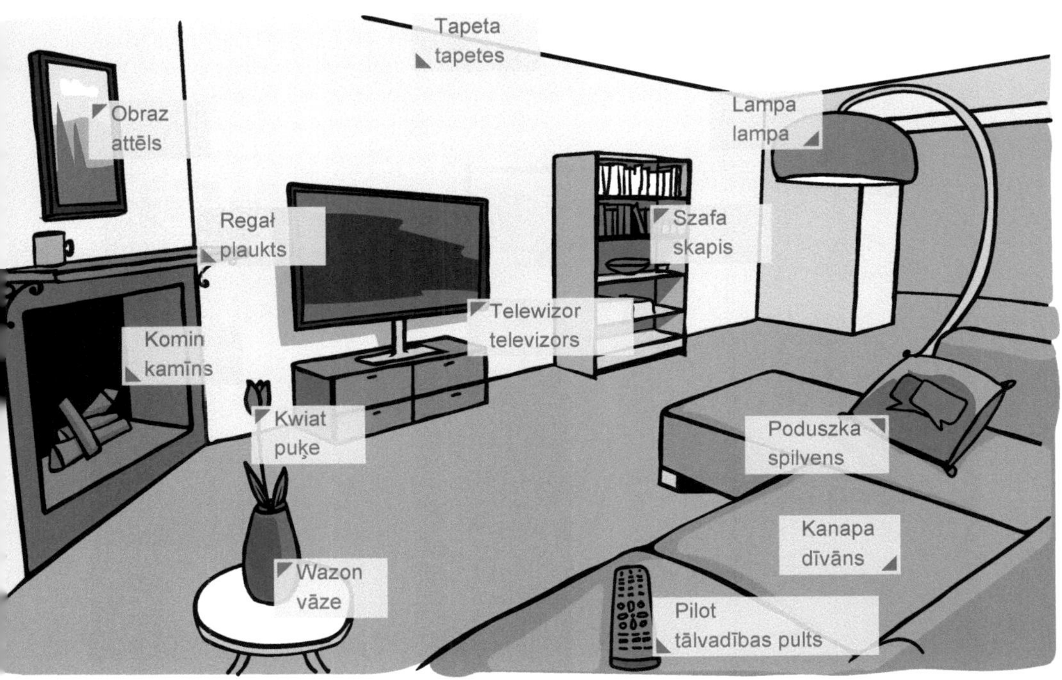

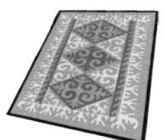

Dywan
paklājs

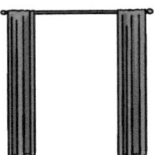

Zasłona
aizkars

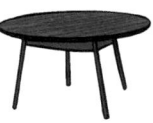

Stół
galds

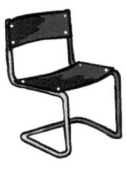

Krzesło
krēsls

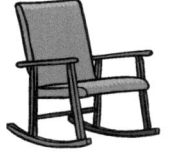

Bujak
šūpuļkrēsls

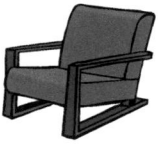

Fotel
atpūtas krēsls

Książka

grāmata

Sufit

sega

Dekoracja

dekorācija

Drewno kominkowe

malka

Film

filma

Instalacja stereo

mūzikas centrs

Klucz

atslēga

Gazeta

avīze

Malunek

glezna

Plakat

plakāts

Radio

radio

Notatnik

pierakstu blociņš

Odkurzacz

putekļu sūcējs

Kaktus

kaktuss

Świeczka

svece

Kuchnia
virtuve

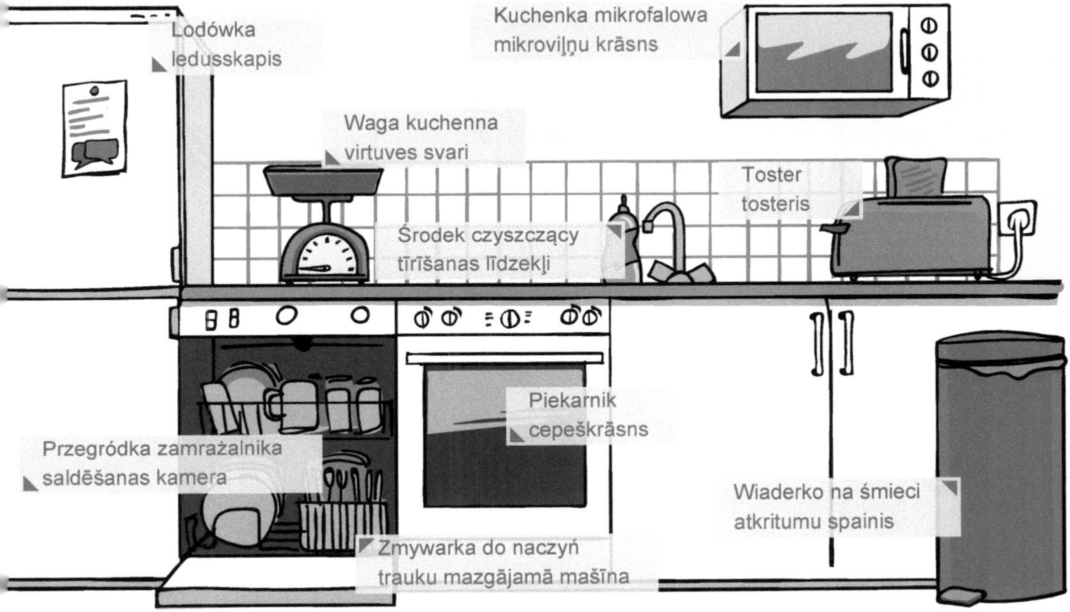
Lodówka
ledusskapis
Kuchenka mikrofalowa
mikroviļņu krāsns
Waga kuchenna
virtuves svari
Toster
tosteris
Środek czyszczący
tīrīšanas līdzekļi
Piekarnik
cepeškrāsns
Przegródka zamrażalnika
saldēšanas kamera
Wiaderko na śmieci
atkritumu spainis
Zmywarka do naczyń
trauku mazgājamā mašīna

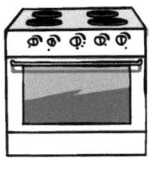

Kuchenka
plīts

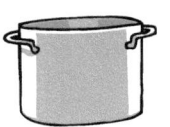

Garnek
pods

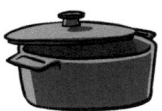

Kocioł żeliwny
katls

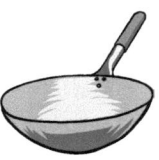

Wok / Kadai
Wok panna

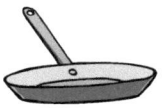

Patelnia
panna

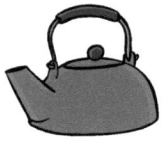

Czajnik
elektriskā tējkanna

Parowar

tvaika katls

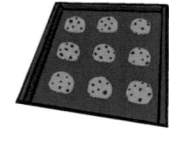

Blacha do pieczenia

cepešpanna

Naczynia kuchenne

trauki

Kubek

krūze

Miska

bļoda

Pałeczki

irbulīši

Nabierka

kauss

Łopatka do smażenia

lāpstiņa

Trzepaczka do śmietany

putošanas slotiņa

Cedzak

sietiņš

Sitko

siets

Tarka

rīve

Moździerz

piesta

Grillowanie

grilēt

Palenisko

atklāts pavards

Deska

dēlis

Wałek do ciasta

mīklas rullis

Korkociąg

korķu viļķis

Puszka

bundža

Otwieracz do puszek

konservu nazis

Ściereczka do trzymania garnka

virtuves cimdi

Umywalka

izlietne

Szczotka

birste

Gąbka

sūklis

Mikser

mikseris

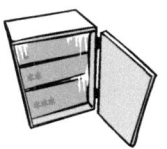

Zamrażarka

saldētava

Butelka dla niemowlęcia

bērna pudelīte

Kran

ūdenskrāns

Łazienka
vannas istaba

Ogrzewanie
apkure
Ręcznik
dvielis
Prysznic
duša
Kotara prysznicowa
dušas aizkari
Płyn do kąpieli
vannas putas
Wanna kąpielowa
vanna
Pralka
veļas mašīna
Kafelki
flīzes
Kran
ūdenskrāns
Szklanka
glāze
Nocnik
podiņš
Umywalka
izlietne

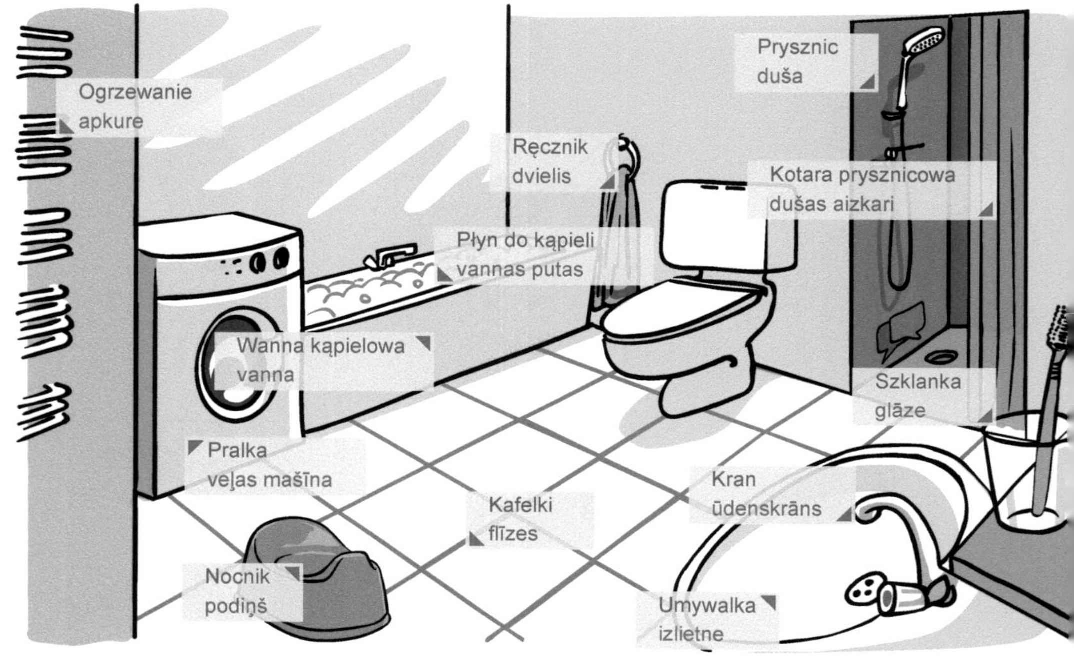

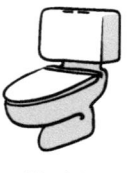

Toaleta

tualetes pods

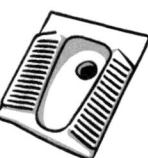

Toaleta kuczna

Āzijas tipa tualete

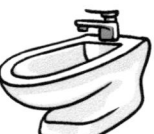

Bidet

bidē

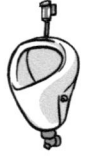

Pisuar

pisuārs

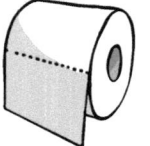

Papier toaletowy

tualetes papīs

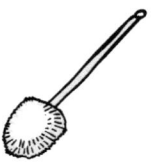

Szczotka toaletowa

tualetes birste

Szczoteczka do zębów

zobu birste

Pasta do zębów

zobu pasta

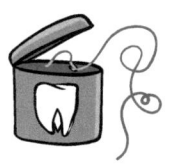

Nitki do czyszczenia zębów

zobu diegs

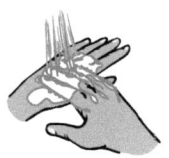

myć

mazgāt

Głowica prysznicowa

rokas duša

Płyn kąpielowy do higieny intymnej

duša

Miska do mycia

bļoda

Szczotka kąpielowa

muguras mazgāšanas birste

Mydło

ziepes

Żel prysznicowy

dušas želeja

Szampon

šampūns

Rękawica kąpielowa

mazgāšanas drāna

Odpływ

noteka

Krem

krēms

Dezodorant

dezodorants

Lustro	Lustro kosmetyczne	Golarka
spogulis	spogulītis	skuveklis

Pianka do golenia	Woda po goleniu	Grzebień
skūšanās putas	losjons pēc skūšanās	ķemme

Szczotka	Suszarka do włosów	Spray do włosów
matu suka	matu fēns	matu laka

Makijaż	Pomadka	Lakier do paznokci
grima komplekts	lūpu krāsa	nagulaka

Wata	Nożyczki do paznokci	Perfum
vate	šķērītes	smaržas

Kosmetyczka

kosmētikas maks

Taboret

ķeblītis

Waga

svari

Szlafrok kąpielowy

halāts

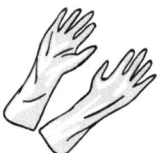

Rękawice gumowe

tīrīšanas cimdi

Tampon

tampons

Podpaska damska

pakete

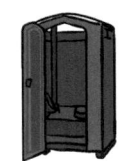

Toaleta chemiczna

ķīmiskā tualete

Pokój dziecięcy
bērnu istaba

Budzik
modinātājs
Pluszowa przytulanka
mīkstā rotaļlieta
Samochodzik
spēļu automašīna
Grzechotka
grabulis
Domek dla lalek
leļļu māja
Prezent
dāvana

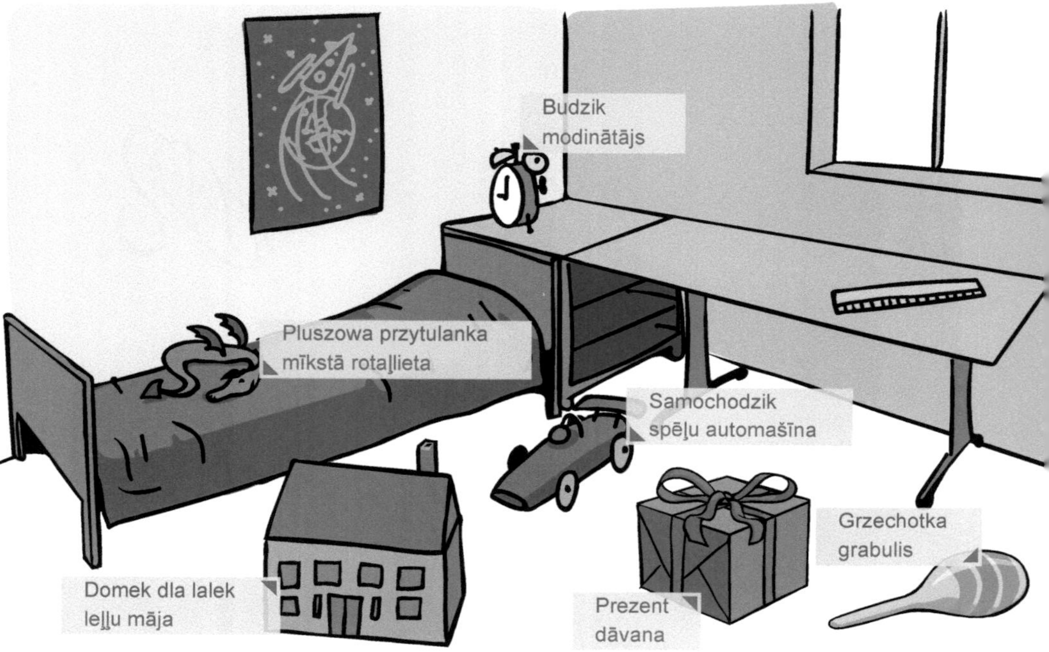

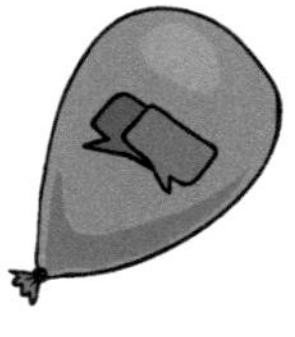

Balon

balons

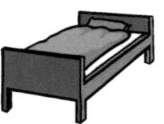

Łóżko

gulta

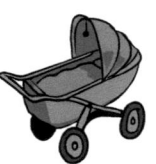

Wózek dziecięcy

bērnu ratiņi

Gra w karty

kārtis

Puzzle

puzle

SUPER MEGA

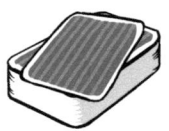

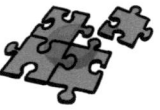

Komiks

komikss

Klocki lego

LEGO klucīši

Klocki

klucīši

Action figura

varoņu figūra

Śpioszek dziecięcy

rāpulītis

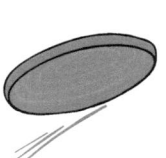

Frisbee

lidojošais šķīvītis

Zabawki ruchome

muzikālais karuselis

Gra planszowa

galda spēle

Kości

metamais kauliņš

Kolejka elektryczna

rotaļu dzelzceļš

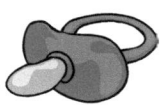

Smoczek

māneklis

Przyjęcie

ballīte

Książka z ilustracjami

bilžu grāmata

Piłka

bumba

Lalka

lelle

bawić się

spēlēt

Piaskownica

smilšu kaste

Huśtawka

šūpoles

Zabawki

rotaļlietas

Konsola do gier

spēļu konsole

Rowerek trójkołowy

trīsritenis

Pluszowy miś

plīša lācītis

Szafa ubraniowa

drēbju skapis

Ubiór

apģērbs

Skarpety

īszeķes

Pończochy

zeķes

Rajstopy

zeķbikses

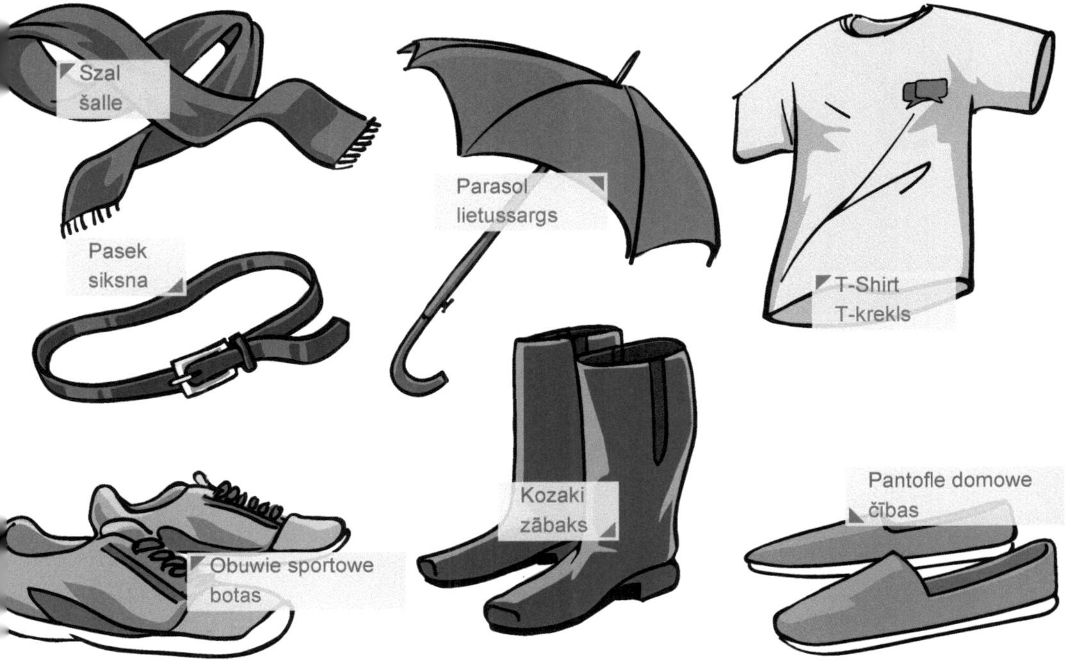

Szal
šalle

Parasol
lietussargs

T-Shirt
T-krekls

Pasek
siksna

Kozaki
zābaks

Pantofle domowe
čības

Obuwie sportowe
botas

Sandały
....
sandales

Buty
....
kurpes

Kalosze
....
gumijas zābaki

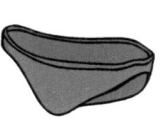

Majtki
....
apakšbikses

Biustonosz
....
krūšturis

Podkoszulek
....
apakškrekls

Body

bodijs

Spodnie

bikses

Dżins

dżinsi

Spódnica

svārki

Bluzka

blūze

Koszula

krekls

Pulower

pulovers

Bluza sportowa

dżemperis

Marynarka

žakete

Kurtka

jaka

Płaszcz

mētelis

Płaszcz przeciwdeszczowy

lietus mētelis

Kostium

kostīms

Sukienka

kleita

Suknia ślubna

kāzu kleita

Garnitur męski

uzvalks

Koszula nocna

naktskrekls

Piżama

pidžama

Sari

sari

Chusta na głowę

lakats

Turban

turbāns

Burka

burka

Kaftan

kaftāns

Abaya

abaja

Strój kąpielowy

peldkostīms

Kąpielówki

peldbikses

Krótkie spodnie

šorti

Dres sportowy

treniņtērps

Fartuch

priekšauts

Rękawiczki

cimdi

Guzik

poga

Okulary

brilles

Bransoletka

rokassprādze

Łańcuszek

kaklarota

Pierścionek

gredzens

Kolczyk

auskars

Czapka

cepure

Wieszak

drēbju pakaramais

Kapelusz

platmale

Krawat

kaklasaite

Zamek błyskawiczny

rāvējslēdzējs

Kask

ķivere

Szelki

bikšturi

Mundurek szkolny

skolas forma

Mundur

uniforma

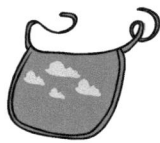

Śliniaczek

priekšautiņš

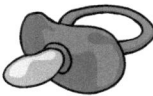

Smoczek

māneklis

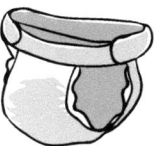

Pieluszka

autiņbiksītes

Biuro
birojs

Serwer
serveris
Szafa na akta
dokumentu skapis
Drukarka
printeris
Papier
papīrs
Monitor
monitors
Mysz
pele
Biurko
rakstāmgalds
Segregator
dokumentu vāki
Klawiatura
klaviatūra
Kosz na odpadki
papīrgrozs
Komputer
dators
Krzesło
krēsls

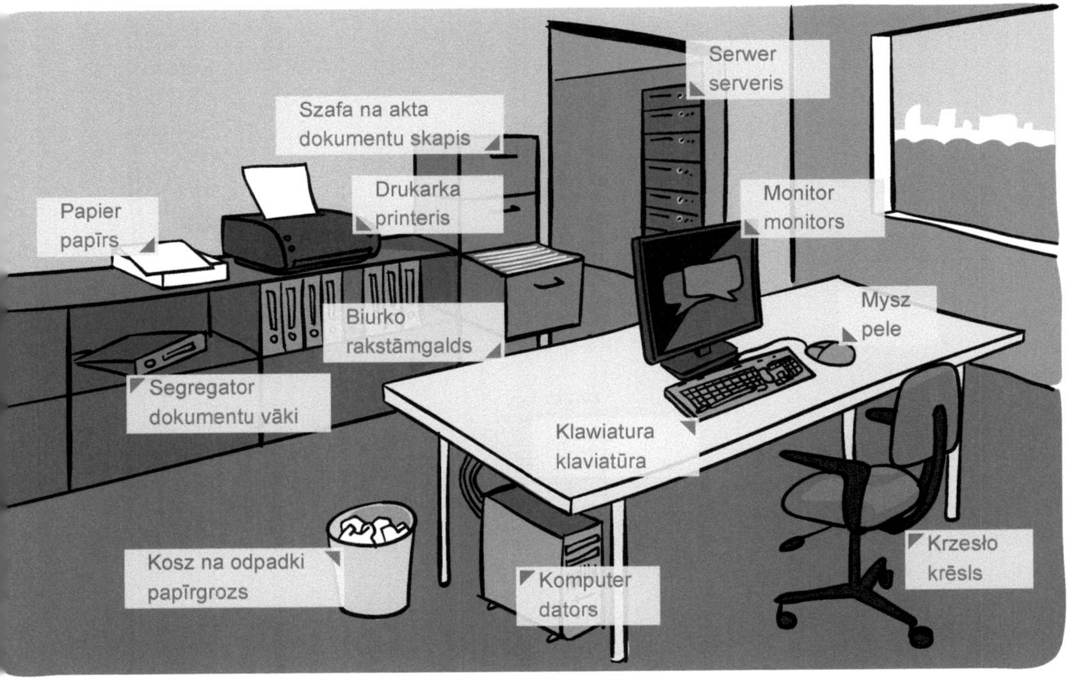

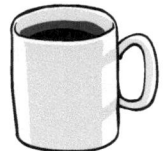

Filiżanka do kawy

kafijas krūze

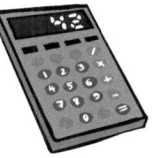

Kalkulator

kalkulators

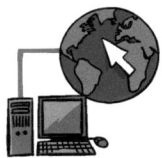

Internet

internets

Laptop

portatīvais dators

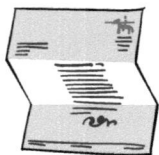

List

vēstule

Wiadomość

ziņa

Komórka

mobilais tālrunis

Sieć

tīkls

Kopiarka

kopētājs

Oprogramowanie

programmatūra

Telefon

telefons

Gniazdko

rozete

Faks

faksa aparāts

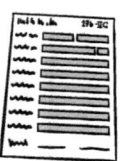

Formularz

formulārs

Dokument

dokuments

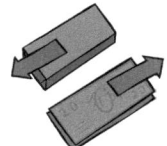

kupić
pirkt

płacić
samaksāt

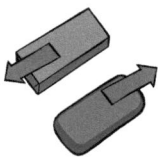

postępować
tirgot

Pieniądze
nauda

Dolar
dolārs

Euro
eiro

Jen
jēna

Rubel
rublis

Frank
franks

Juan Renminbi
juaņa renminbi

Rupia
rūpija

Bankomat
bankomāts

Kantor wymiany walut

valūtas maiņas punkts

Złoto

zelts

Srebro

sudrabs

Olej

nafta

Energia

enerģija

Cena

cena

Umowa

līgums

Podatek

nodoklis

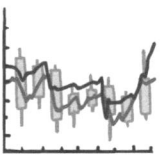

Akcja

akcija

pracować

strādāt

Pracownik umysłowy

darbinieks

Pracodawca

darba devējs

Fabryka

fabrika

Sklep

veikals

Gospodarka - ekonomika

Zawody
profesijas

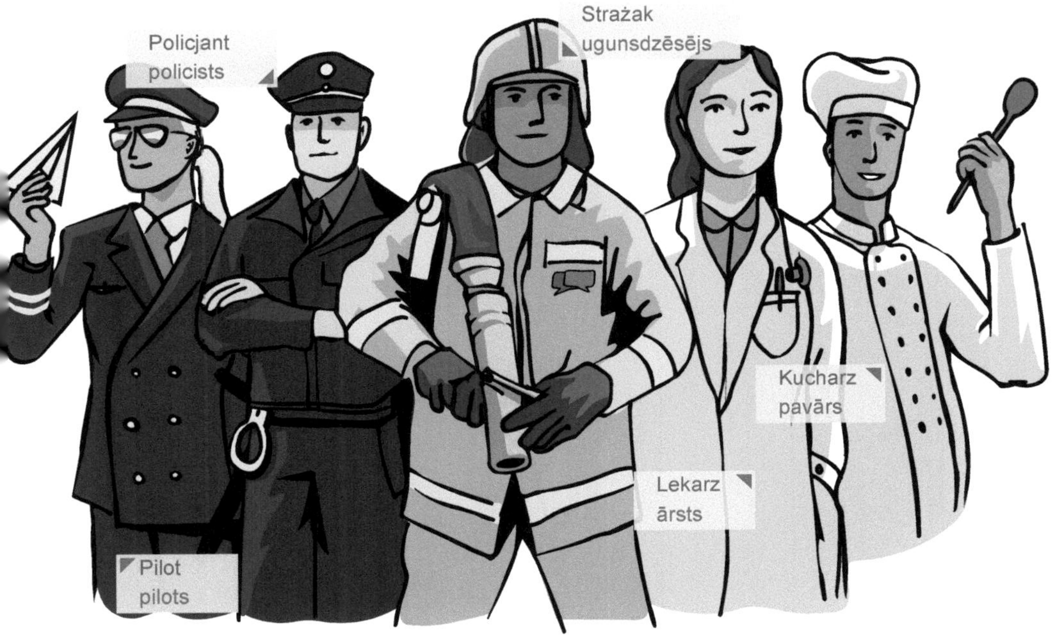
Policjant
policists
Strażak
ugunsdzēsējs
Kucharz
pavārs
Lekarz
ārsts
Pilot
pilots

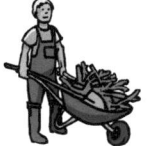

Ogrodnik

dārznieks

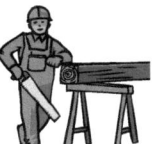

Stolarz

galdnieks

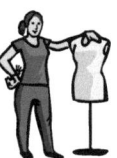

Krawcowa

šuvēja

Sędzia

tiesnesis

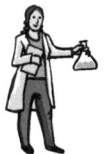

Chemik

ķīmiķis

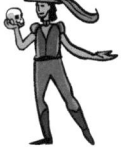

Aktor

aktieris

Kierowca autobusu

autobusa vadītājs

Taksówkarz

taksometra vadītājs

Fischer

zvejnieks

Sprzątaczka

apkopēja

Dekarz

jumiķis

Kelner

viesmīlis

Myśliwy

mednieks

Malarz

gleznotājs

Piekarz

maiznieks

Elektryk

elektriķis

Robotnik budowlany

celtnieks

Inżynier

inženieris

Rzeźnik

miesnieks

Instalator

skārdnieks

Listonosz

pastnieks

Żołnierz

karavīrs

Architekt

arhitekts

Kasjer

kasieris

Florysta

florists

Fryzjer

frizieris

Konduktor

konduktors

Mechanik

mehāniķis

Kapitan

kapteinis

Dentysta

zobārsts

Naukowiec

zinātnieks

Rabin

rabīns

Imam

imāms

Mnich

mūks

Proboszcz

mācītājs

Narzędzia
instrumenti

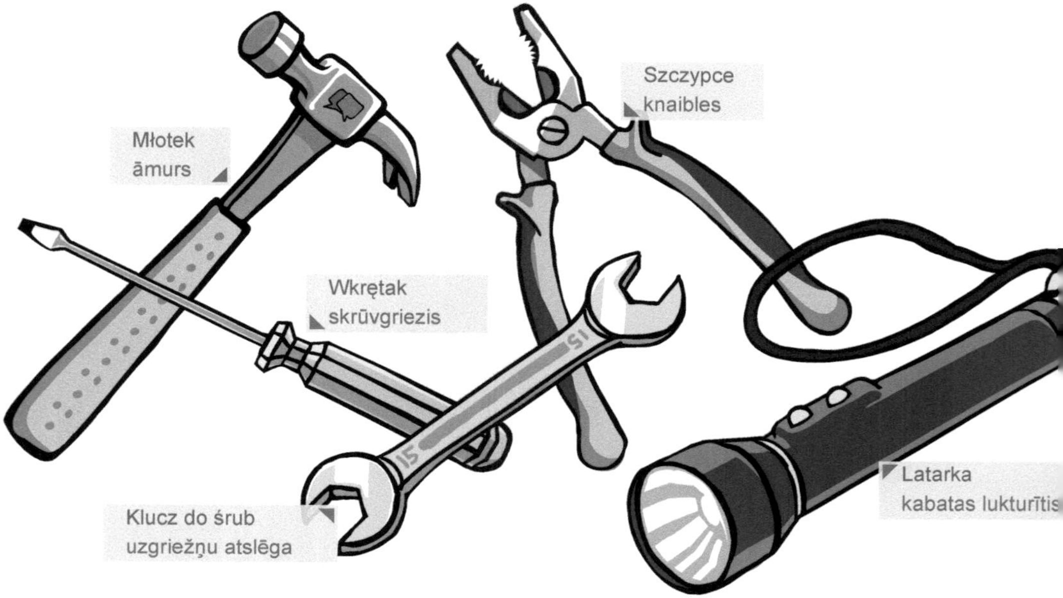
Młotek
āmurs
Szczypce
knaibles
Wkrętak
skrūvgriezis
Latarka
kabatas lukturītis
Klucz do śrub
uzgriežņu atslēga

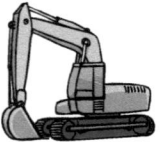

Koparka

ekskavators

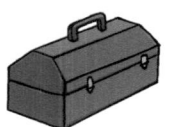

Skrzynka narzędziowa

instrumentu kaste

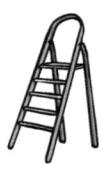

Drabina

kāpnes

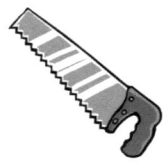

Piła

zāģis

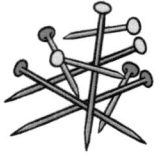

Gwoździe

naglas

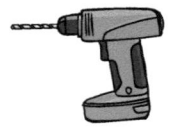

Wiertło

urbis

naprawić

remontēt

Łopatka

lāpsta

Cholera!

Velns!

Szufelka

liekšķere

Puszka z farbą

krāsas bundža

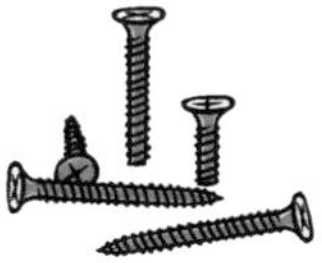

Śruby

skrūves

Instrumenty muzyczne
mūzikas instrumenti

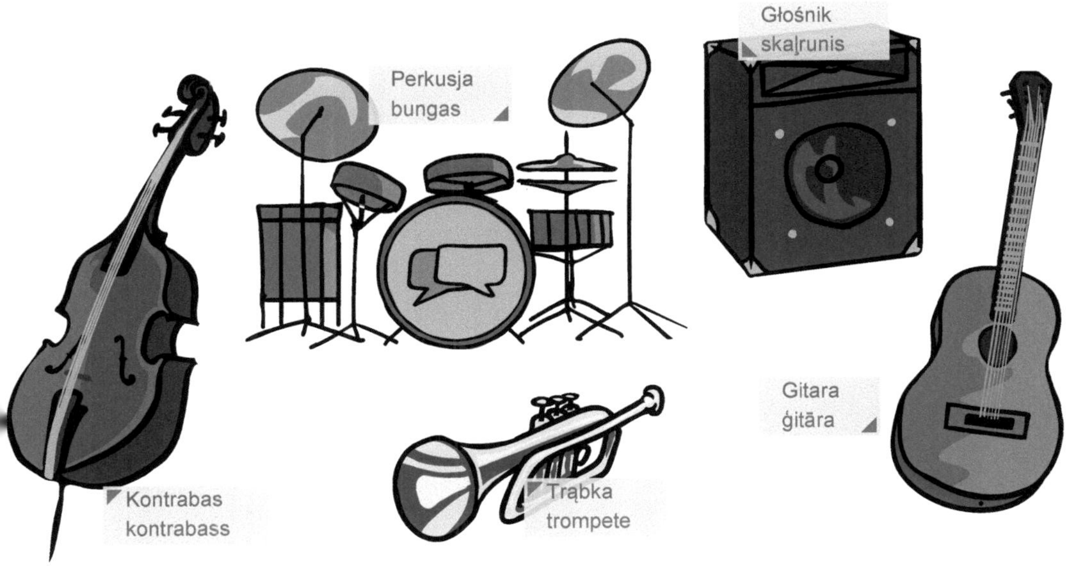

Głośnik
skaļrunis

Perkusja
bungas

Kontrabas
kontrabass

Trąbka
trompete

Gitara
ģitāra

Pianino

klavieres

Skrzypce

vijole

Bas

bass

Kotły

timpāni

Bęben

bungas

Keyboard

digitālās klavieres

Saksofon

saksofons

Flet

flauta

Mikrofon

mikrofons

Zoo
zooloģiskais dārzs

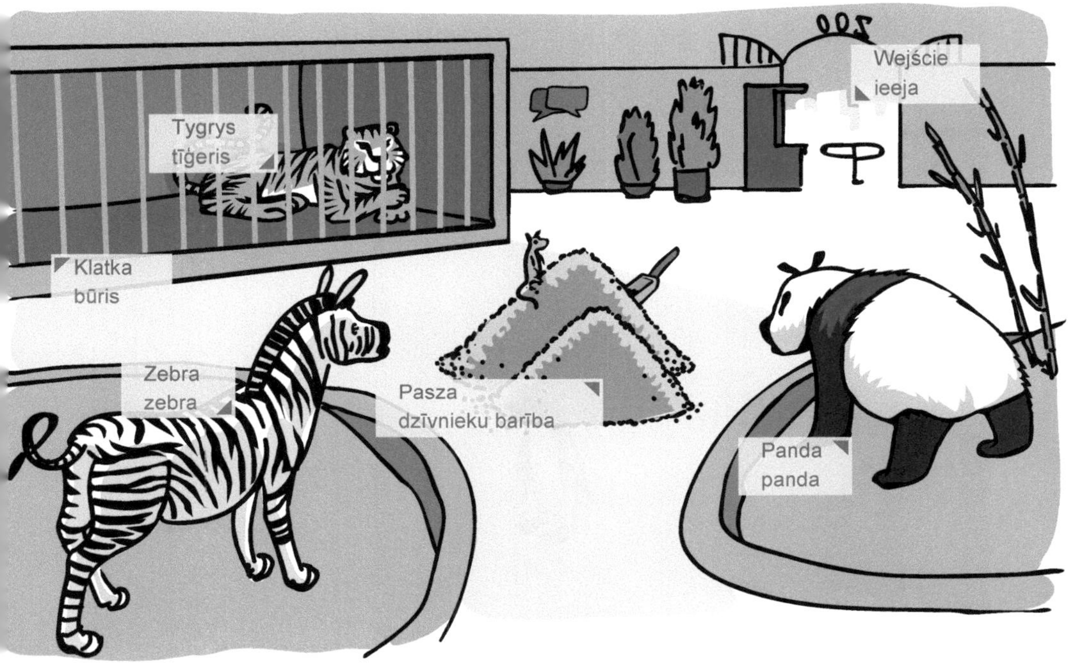
ZOO
Wejście
ieeja
Tygrys
tīģeris
Klatka
būris
Zebra
zebra
Pasza
dzīvnieku barība
Panda
panda

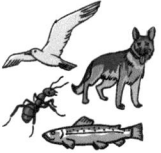

Zwierzęta

dzīvnieki

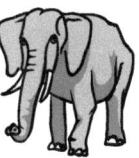

Słoń

zilonis

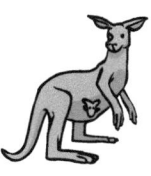

Kangur

ķengurs

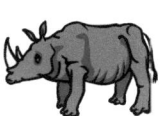

Nosorożec

degunradzis

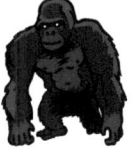

Goryl

gorilla

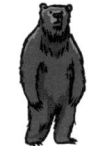

Niedźwiedź

lācis

Wielbłąd

kamielis

Struś

strauss

Lew

lauva

Małpa

pērtiķis

Fleming

flamings

Papuga

papagailis

Niedźwiedź polarny

polārlācis

Pingwin

pingvīns

Rekin

haizivs

Paw

pāvs

Wąż

čūska

Krokodyl

krokodils

Dozorca w zoo

zoodārza sargs

Foka

ronis

Jaguar

jaguārs

Kucyk

ponijs

Gepard

leopards

Hipopotam

nīlzirgs

Żyrafa

žirafe

Orzeł

ērglis

Dzik

meža cūka

Ryba

zivs

Żółw

bruņurupucis

Mors

valzirgs

Lis

lapsa

Gazela

gazele

Zoo - zooloģiskais dārzs

Futbol amerykański
amerikāņu futbols

Kolarstwo
riteņbraukšana

Tenis
teniss

Koszykówka
basketbols

Pływanie
peldēšana

Boks
bokss

Hokej na lodzie
hokejs

Piłka nożna
futbols

Badminton
badmintons

Lekka atletyka
vieglatlētika

Piłka ręczna
rokas bumba

Narciarstwo
slēpošana

Polo
polo

skakać
lēkt

objąć
apskaut

śmiać się
smieties

iść
iet

śpiewać
dziedāt

marzyć
sapņot

modlić się
lūgt

całować
skūpstīt

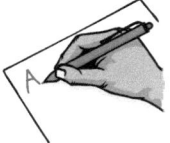

pisać
....
rakstīt

rysować
....
zīmēt

pokazywać
....
rādīt

nacisnąć
....
spiest

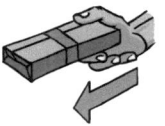

dać
....
dot

wziąć
....
ņemt

mieć
bũt

robić
darīt

być
bũt

stać
stāvēt

biegać
skriet

ciągnąć
vilkt

rzucać
mest

spaść
krist

leżeć
gulēt

czekać
gaidīt

nosić
nest

siedzieć
sēdēt

zakładać
uzģērbt

spać
gulēt

budzić się
pamosties

spojrzeć

skatīties

płakać

raudāt

głaskać

glāstīt

czesać się

ķemmēt

mówić

runāt

rozumieć

saprast

pytać

jautāt

słyszeć

dzirdēt

pić

dzert

jeść

ēst

sprzątać

sakārtot

kochać

mīlēt

gotować

vārīt

jechać

braukt

latać

lidot

żeglować

burot

liczyć

rēķināt

czytać

lasīt

uczyć się

mācīties

pracować

strādāt

wejść w związek małżeński

precēties

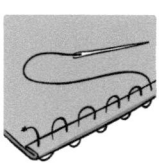

szyć

šūt

myć zęby

tīrīt zobus

zabić

nogalināt

palić tytoń

smēķēt

wysłać

sūtīt

Babcia
vecāmāte

Dziadek
vectēvs

Ojciec
tēvs

Matka
māte

Niemowlę
mazulis

Córka
meita

Syn
dēls

Gość
....
viesis

Ciotka
....
tante

Wujek
....
onkulis

Brat
....
brālis

Siostra
....
māsa

Ciało

ķermenis

Czoło
piere
Oko
acs
Ramię
plecs
Palec
pirksts
Twarz
seja
Broda
zods
Ręka
roka
Noga
kāja
Pierś
krūtis
Ramię
roka

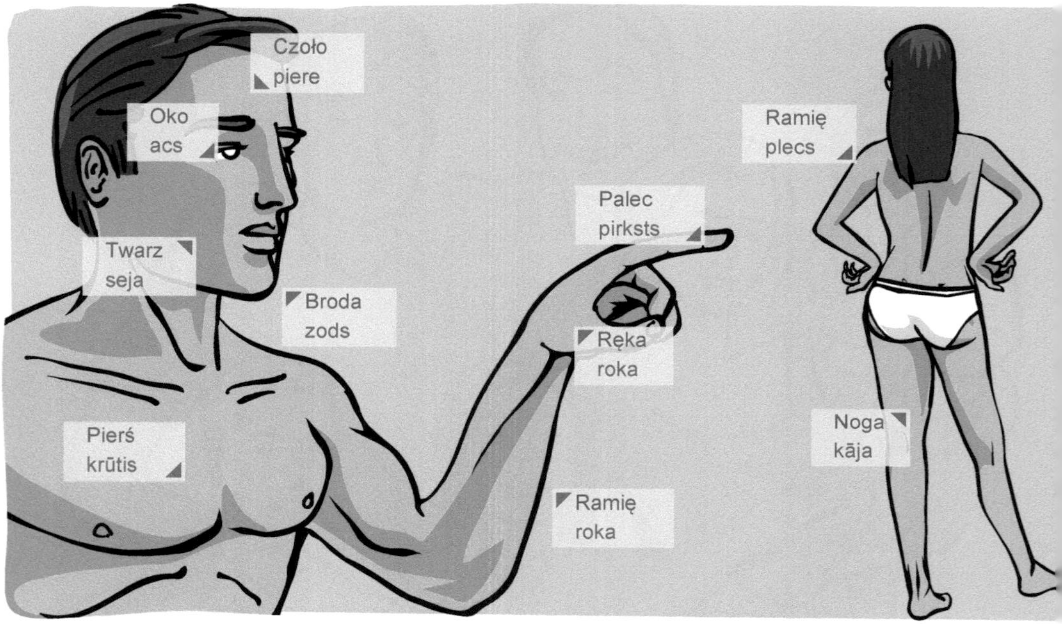

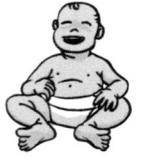

Niemowlę

mazulis

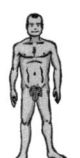

Mężczyzna

vīrietis

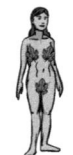

Kobieta

sieviete

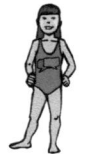

Dziewczyna

meitene

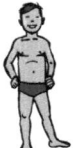

Chłopiec

zēns

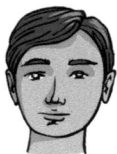

Głowa

galva

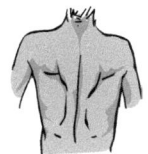

Plecy

mugura

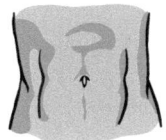

Brzuch

vēders

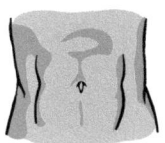

Pępek

naba

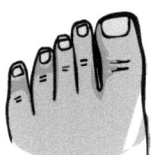

palec nogi

kājas pirksts

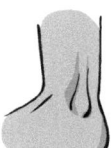

Pięta

papēdis

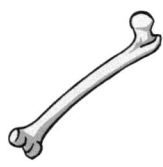

Kość

kauls

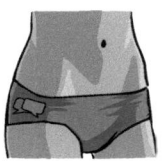

Biodro

gurns

Kolano

celis

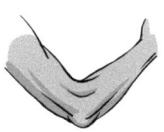

Łokieć

elkonis

Nos

deguns

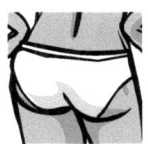

Pośladki

dibens

Skóra

āda

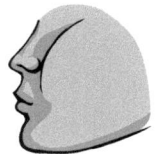

Policzek

vaigs

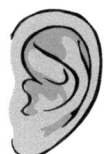

Uszy

auss

Warga

lūpa

Usta

mute

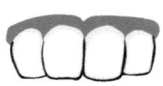

Ząb

zobs

Język

mēle

Mózg

smadzenes

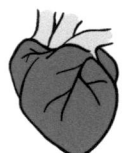

Serce

sirds

Mięsień

muskulis

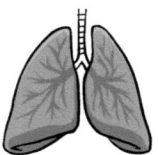

Płuca

plaušas

Wątroba

aknas

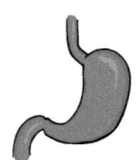

Żołądek

kuņģis

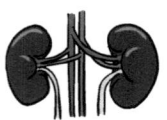

Nerki

nieres

Stosunek płciowy

dzimumakts

Kondom

kondoms

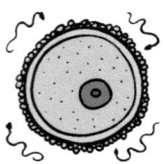

Komórka jajowa

olšūna

Sperma

sperma

Ciąża

grūtniecība

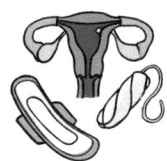

Menstruacja

menstruācijas

Wagina

vagīna

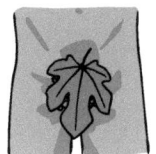

Penis

penis

Brew

uzacs

Włosy

mati

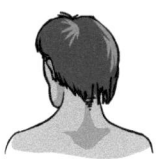

Szyja

kakls

Szpital
slimnīca

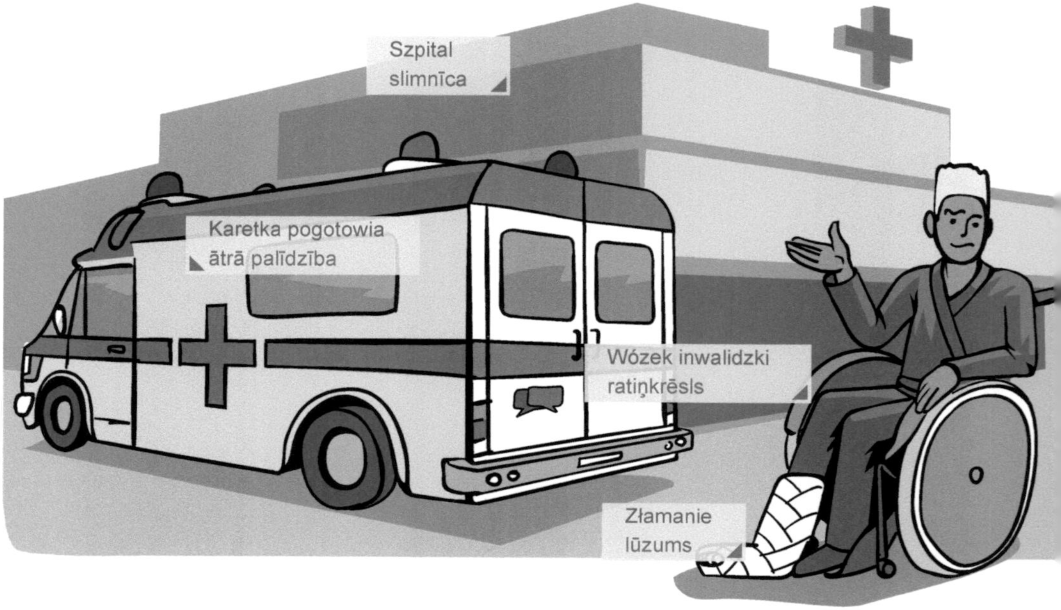

Szpital
slimnīca
Karetka pogotowia
ātrā palīdzība
Wózek inwalidzki
ratiņkrēsls
Złamanie
lūzums

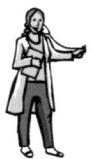

Lekarz

ārsts

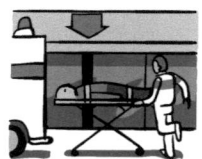

Izba przyjęć

neatliekamās palīdzības nodaļa

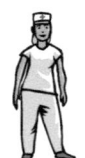

Pielęgniarka

medmāsa

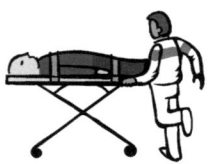

Nagły przypadek

ārkārtas gadījums

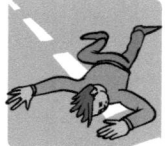

nieprzytomny

paģībis

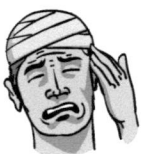

Ból

sāpes

Skaleczenie

ievainojums

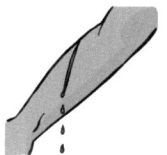

Krwawienie

asiņošana

Zawał serca

sirdslēkme

Udar mózgu

insults

Alergia

alerģija

Kaszleć

klepus

Gorączka

temperatūra

Grypa

gripa

Biegunka

caureja

Ból głowy

galvassāpes

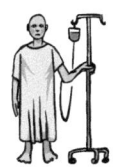

Rak

vēzis

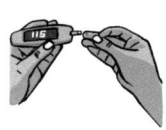

Cukrzyca

diabēts

Chirurg

ķirurgs

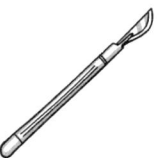

Skalpel

skalpelis

Operacja

operācija

CT

datortomogrāfija

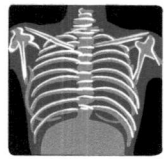

Rentgen

rentgents

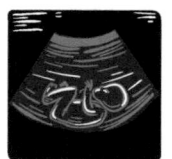

Ultradźwięki

ultraskaņa

Maska

sejas maska

Choroba

slimība

Poczekalnia

uzgaidāmā telpa

Kula

kruķis

Plaster

plāksteris

Opatrunek

apsējs

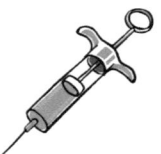

Iniekcja

injekcija

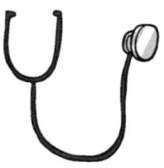

Stetoskop

stetoskops

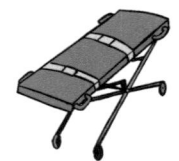

Nosze

nestuves

Termometr

termometrs

Poród

dzemdības

Nadwaga

liekais svars

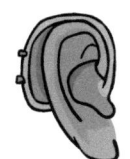

Aparat słuchowy

dzirdes aparāts

Środek dezynfekcyjny

dezinfekcijas līdzeklis

Infekcja

infekcija

Wirus

vīruss

HIV / AIDS

HIV / AIDS

Medycyna

zāles

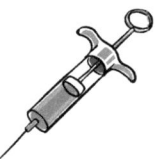

Szczepienie

pote

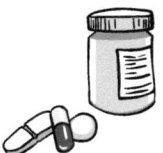

Tabletki

tabletes

Pigułka

pretapaugļošanās tablete

Telefon ratunkowy

ārkārtas izsaukums

Ciśnieniomierz krwi

asinsspiediena mērītājs

chory / zdrowy

slims / vesels

Pomocy!

Palīgā!

Alarm

trauksme

Napad

uzbrukums

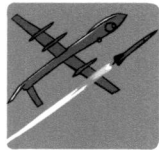

Atak

uzbrukums

Niebezpieczeństwo

bīstamība

Wyjście awaryjne

avārijas izeja

Pożar!

Uguns!

Gaśnica

ugunsdzēšamais aparāts

Wypadek

negadījums

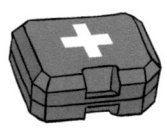

Walizeczka pierwszej pomocy

pirmās palīdzības aptieciņa

SOS

SOS

Policja

policija

Europa

Eiropa

Ameryka Północna

Ziemeļamerika

Ameryka Południowa

Dienvidamerika

Afryka

Āfrika

Azja

Āzija

Australia

Austrālija

Atlantyk

Atlantijas okeāns

Pacyfik

Klusais okeāns

Ocean Indyjski

Indijas okeāns

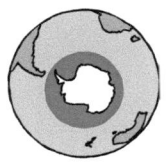

Ocean Antarktyczny

Dienvidu okeāns

Ocean Arktyczny

Ziemeļu ledus okeāns

Biegun północny

Ziemeļpols

Biegun południowy

Dienvidpols

Antarktyda

Antarktika

Ziemia

zeme

Kraj

zeme

Morze

jūra

Wyspa

sala

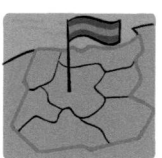

Naród

nācija

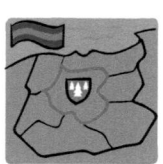

Państwo

valsts

Cyferblat

ciparnīca

Wskazówka godzinowa

stundu rādītājs

Wskazówka minutowa

minūšu rādītājs

Wskazówka sekundowa

sekunžu rādītājs

Która godzina?

Cik ir pulkstenis?

Dzień

diena

Czas

laiks

teraz

tagad

Zegarek digitalny

digitālais pulkstenis

Minuta

minūte

Godzina

stunda

Tydzień
nedēļa

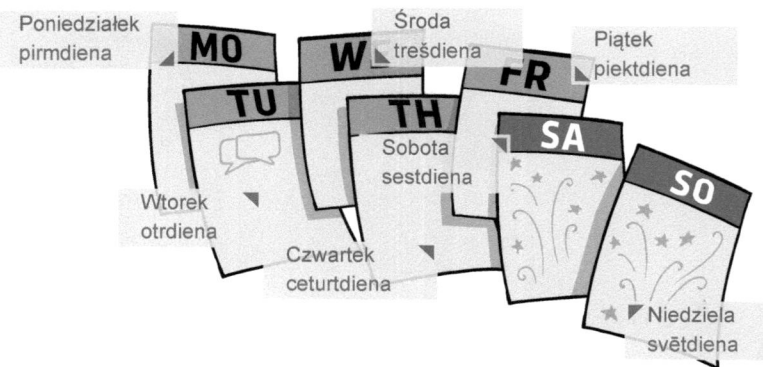

Poniedziałek
pirmdiena

Środa
trešdiena

Piątek
piektdiena

Wtorek
otrdiena

Czwartek
ceturtdiena

Sobota
sestdiena

Niedziela
svētdiena

wczoraj

vakardien

dzisiaj

šodien

jutro

rītdien

Rano

rīts

Południe

pusdienlaiks

Wieczór

vakars

MO	TU	WE	TH	FR	SA	SU
1	2	3	4	5	6	7
8	9	10	11	12	13	14
15	16	17	18	19	20	21
22	23	24	25	26	27	28
29	30	31	1	2	3	4

Dni robocze

darbadienas

MO	TU	WE	TH	FR	SA	SU
1	2	3	4	5	6	7
8	9	10	11	12	13	14
15	16	17	18	19	20	21
22	23	24	25	26	27	28
29	30	31	1	2	3	4

Weekend

brīvdienas

Rok
gads

Deszcz
lietus
Tęcza
varavīksne
Wiatr
vējš
Śnieg
sniegs
Wiosna
pavasaris
Lato
vasara
Jesień
rudens
Zima
ziema

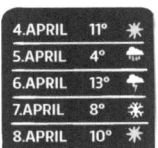

4.APRIL 11°
5.APRIL 4°
6.APRIL 13°
7.APRIL 8°
8.APRIL 10°

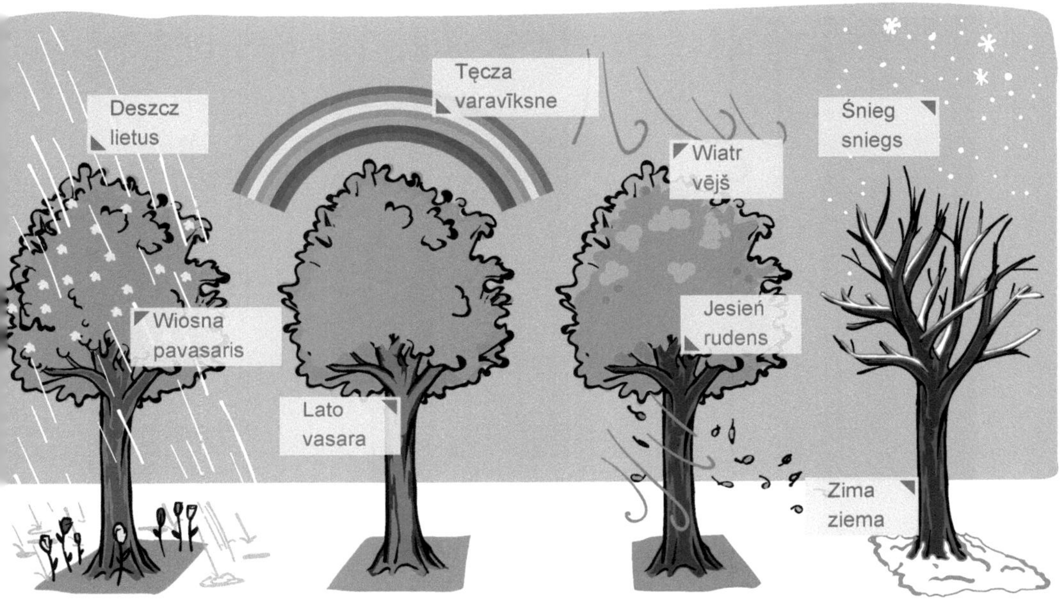

Prognoza pogody

laika prognoze

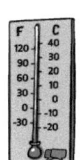

Termometr

termometrs

Światło słoneczne

saules gaisma

Chmura

mākonis

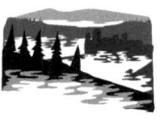

Mgła

migla

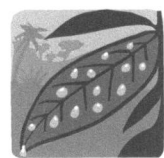

Wilgotność powietrza

gaisa mitrums

Błyskawica

zibens

Grzmot

pērkons

Sztorm

vētra

Grad

krusa

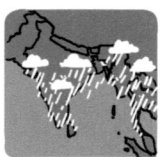

Monsun

musons

Potop

plūdi

Lód

ledus

Styczeń

janvāris

Luty

februāris

Marzec

marts

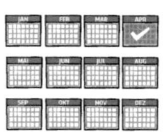

Kwiecień

aprīlis

Maj

maijs

Czerwiec

jūnijs

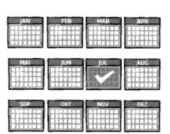

Lipiec

jūlijs

Sierpień

augusts

Wrzesień
....
septembris

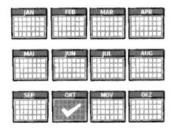

Październik
....
oktobris

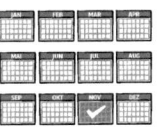

Listopad
....
novembris

Grudzień
....
decembris

Kształty
formas

Koło
....
aplis

Kwadrat
....
kvadrāts

Prostokąt
....
četrstūris

Trójkąt
....
trīsstūris

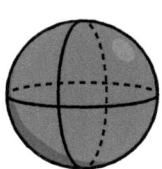

Kula
....
lode

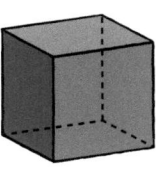

Sześcian
....
kubs

biały

balts

żółty

dzeltens

pomarańczowy

oranžs

różowy

sārts

czerwony

sarkans

liliowy

lillā

niebieski

zils

zielony

zaļš

brązowy

brūns

szary

pelēks

czarny

melns

dużo / mało

daudz / maz

wściekły / spokojny

saniknots / miermīlīgs

piękny / brzydki

skaists / neglīts

początek / koniec

sākums / beigas

duży / mały

liels / mazs

jasny / ciemny

gaišs / tumšs

brat / siostra

brālis / māsa

czysty / brudny

tīrs / netīrs

kompletny / niekompletny

pilnīgs / nepilnīgs

dzień / noc

diena / nakts

umarły / żywy

miris / dzīvs

szeroki / wąski

plats / šaurs

jadalny / niejadalny

baudāms / nebaudāms

zły / uprzejmy

nikns / laipns

podniecony / znudzony

satraukts / garlaikots

gruby / chudy

resns / tievs

najpierw / na końcu

pirmais /pēdējais

przyjaciel / wróg

draugs / ienaidnieks

pełen / pusty

pilns / tukšs

twardy / miękki

ciets / mīksts

ciężki / lekki

smags / viegls

głód / pragnienie

izsalkums / slāpes

chory / zdrowy

slims / vesels

nielegalny / legalny

nelegāls / legāls

inteligentny / głupi

inteliģents / dumjš

lewo / prawo

kreisais / labais

bliski / daleki

tuvu / tālu

nowy / używany

jauns / lietots

nic / coś

nekas / kaut kas

stary / młody

vecs / jauns

włącz / wyłącz

ieslēgts / izslēgts

otwarty / zamknięty

atvērts / slēgts

cichy / głośny

kluss / skaļš

bogaty / biedny

bagāts / nabags

prawidłowy / błędny

pareizi / nepareizi

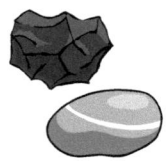

chropowaty / gładki

raupjš / gluds

smutny / szczęśliwy

noskumis / laimīgs

krótki / długi

īss / garš

powolny / szybki

lēns / ātrs

mokry/suchy

slapjš / sauss

ciepły / chłodny

silts / vēss

wojna / pokój

karš / miers

0	**1**	**2**
zero	jeden	dwa
nulle	viens	divi

3	**4**	**5**
trzy	cztery	pięć
trīs	četri	pieci

6	**7**	**8**
sześć	siedem	osiem
seši	septiņi	astoņi

9	**10**	**11**
dziewięć	dziesięć	jedenaście
deviņi	desmit	vienpadsmit

12

dwanaście

divpadsmit

13

trzynaście

trīspadsmit

14

czternaście

četrpadsmit

15

piętnaście

piecpadsmit

16

szesnaście

sešpadsmit

17

siedemnaście

septiņpadsmit

18

osiemnaście

astoņpadsmit

19

dziewiętnaście

deviņpadsmit

20

dwadzieścia

divdesmit

100

sto

simts

1.000

tysiąc

tūkstotis

1.000.000

milion

miljons

Angielski

anglu

Angielski amerykański

amerikāņu anglu

Chiński mandaryński

ķīniešu mandarīnu valoda

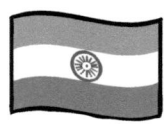

Hindi

hindi

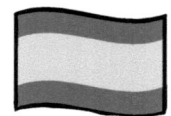

Hiszpański

spāņu

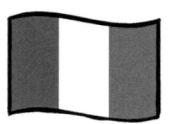

Francuski

franču

Arabski

arābu

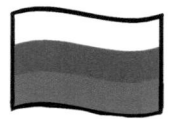

Rosyjski

krievu

Portugalski

portugāļu

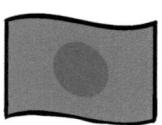

Bengalski

bengāļu

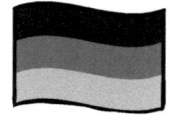

Niemiecki

vācu

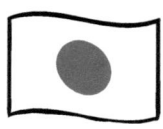

Japoński

japāņu

ja

es

ty

tu

on / ona / ono

viņš / viņa

my

mēs

wy

jūs

oni

viņi / viņas

kto?

kas?

co?

ko?

jak?

kā?

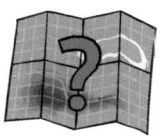

gdzie?

kur?

kiedy?

kad?

Nazwisko

vārds

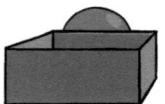

za

aiz

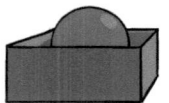

w

iekšā

przed

priekšā

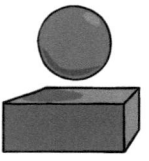

powyżej

virs

na

uz

pod

zem

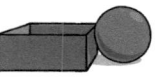

obok

blakus

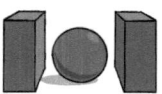

między

starp

Miejsce

vieta